T0284273

El arte de vivir

Séneca

El arte de vivir

Un manual de sabiduría clásica
sobre la gestión del tiempo

Título original: *How to have a life*
© Princeton University Press, 2022
© de la traducción del inglés y del latín, Jacinto Pariente, 2022
© Ediciones Kōan, s.l., 2022
c/ Mar Tirrena, 5, 08912 Badalona
www.koanlibros.com • info@koanlibros.com
ISBN: 978-84-18223-68-6 • Depósito legal: B-23043-2022
Diseño de cubiertas de colección: Claudia Burbano de Lara
Maquetación: Cuqui Puig
Impresión y encuadernación: Liberdúplex
Impreso en España / *Printed in Spain*

1ª edición, enero de 2023

ÍNDICE

INTRODUCCIÓN

«Nadie ha dicho en su lecho de muerte "Ojalá hubiera pasado más tiempo trabajando".» Esta frase tan citada lleva más de cuarenta años en circulación. El primero en utilizarla fue un amigo del senador de Massachussets Paul Tsongas cuando este recibió la noticia de que tenía cáncer. El pensamiento ayudó a convencer al senador de no presentar de nuevo su candidatura, como había planeado. Se retiró de la política durante un tiempo y, tras un tratamiento médico exitoso, se presentó a las primarias presidenciales del Partido Demócrata en 1992.

«La vida es breve», como decimos a menudo, es una versión reducida de la máxima de Tsongas, con la que queremos decir «me niego a perder mi tiempo en esta tediosa tarea, pues un día habrá de agotarse». También elaboramos listas de cosas que queremos hacer antes de morir o llevamos a cabo experimentos del tipo «Si solo me quedara un día de vida...». En definitiva, tratamos de comprender de diversos modos que el tiempo es un recurso finito. También nos enfadamos con nosotros mismos por perder tiempo, culpamos a Internet por ser una «aspiradora de tiempo», y pedimos a nuestros teléfonos inteligentes que nos informen del tiempo que pasamos en los laberintos que ellos mismos nos ponen al alcance de la mano (una media de 3,5 horas al día en el caso de los adultos, según un estudio de 2019).

Séneca el joven, que como Paul Tsongas fue senador e intentó, sin éxito, abandonar la política, habría estado de acuerdo con el concepto de que la vida hay que pensarla desde un lecho de muerte imaginario. De hecho, en el tratado que presentamos en este volumen, *De brevitate vitae*, o *Sobre la brevedad de la vida*, Séneca adopta con frecuencia esa perspectiva. Se imagina a sí mismo dirigiéndose a personas centenarias, ya con un pie en la tumba, a las que les pide que hagan recuento de los días malgastados en tareas sin importancia, en atender las necesidades ajenas, o en placeres transitorios y estériles. Cuando miréis lo que os queda, advierte a los muy ancianos, os daréis cuenta de que en realidad morís *jóvenes*.

Aunque el mensaje de Séneca consistiera tan solo en «la vida es breve», ya merecería la pena leerlo, pero es que en realidad es mucho más profundo. El tiempo no es ese recurso finito que creemos. Al igual que el dinero, con el que Séneca lo compara a menudo, se alarga si lo utilizamos correctamente. Hablamos de «tiempo de calidad», pero el tiempo bien invertido tiene de hecho mayor *cantidad*. Una vida de veinte años de calendario puede ser más larga que una que pase de los cien. En sus pasajes más encendidos, Séneca llega a afirmar que aprovechar el tiempo brinda una especie de inmortalidad. Al principio del tratado ofrece alguna pista acerca de en qué puede consistir ese excelente uso del tiempo, y en el punto álgido lo explica de manera exhaustiva (no me adelantaré al impacto de «la gran revelación» desvelándola aquí).

En el tránsito hacia este clímax, Séneca satiriza diferentes formas de perder el tiempo, con especial hincapié en las actividades comerciales y en el afán de lucro. Una y otra vez ataca el sistema clientelar romano, en el que los «clientes» pobres o dependientes visitaban la casa de los patronos adinerados, normalmente por la mañana temprano, para presentarles sus respetos y buscar favor o consejo. Para Séneca, el sistema humilla tanto a uno como al otro y los obliga a perder enormes cantidades de tiempo precioso. Sin embargo, Séneca participó activamente en este sistema, según sabemos. Volveremos a este asunto más adelante.

No salen mejor parados quienes se obsesionan de tal manera con una afición o vocación que desperdician sus días alimentándola. Bajo esta categoría, Séneca se ensaña con quienes organizan cenas suntuosas, quienes se cuidan el cabello en exceso, quienes se dedican a la investigación de oscuras cuestiones históricas (para horror de los estudiosos del mundo clásico). Séneca los agrupa junto a los fanáticos de los negocios y las leyes bajo el término latino *occupati*. Y los disecciona sin misericordia al punto de que ciertos párrafos se convierten en una amena sátira social.

La riqueza y el lujo son lo que realmente persiguen a menudo los *occupati*, por lo que las críticas de Séneca a quienes pierden el tiempo son también, de manera indirecta, una crítica al materialismo romano. El objetivo último de los ataques de Séneca es el aristócrata malcriado al que los esclavos transportan en brazos de las termas al palanquín. Esta figura grotesca es tan poco consciente de lo que le rodea que no sabe ni dónde ni cómo se halla: «¿Estoy sentado?», pregunta a sus porteadores cuando lo depositan en la silla. «¿Cómo puede ser dueño de la más mínima fracción de tiempo una persona así?», pregunta Séneca, volviendo al tema principal de la diatriba. La riqueza extrema nos obliga a dejar de ser quienes somos y a alejarnos de lo real y verdadero. Nos impide ser «dueños del tiempo», una misteriosa expresión que solo encontraremos en esta obra.

Por mucho que en sus escritos desprecie la riqueza y las preocupaciones de la élite romana, conviene recordar que el autor pertenecía a dicha élite y era inmensamente rico. Es más, Séneca era un patrón muy poderoso y solicitado en el sistema clientelar romano. En la época en que escribió *Sobre la brevedad de la vida* desempeñaba el cargo de ministro del joven Nerón, gobernante de Roma, y los clientes lo asediaban a diario. Los lectores de Séneca se enfrentan a menudo a la paradoja de vérselas con un autor con el que no se sabe hasta qué punto es coherente con sus propios ideales y cómo interpretar los consejos a los que, a primera vista, él mismo ha hecho caso omiso.

En su juventud, Séneca estudió con maestros estoicos, seguidores del credo griego que ensalza una vida regida por la razón y la virtud y advierte de la peligrosa influencia de las pasiones. Su talento para expresar tales ideas por medio de una prosa contundente destacó tanto como su interés por la política romana. Fue investido senador en la década de los 30 d. de C., y sus discursos y oratoria alcanzaron renombre rápidamente. Sobrevivió por los pelos a las purgas de Calígula y en el 41 d. de C., con Claudio en el poder, se exilió en Córcega. Tras ocho años fuera de Roma, regresó como tutor y guía moral del joven Nerón, por entonces aspirante al puesto de Claudio.

Cuando Nerón accedió al trono a la edad de diecisiete años, en el 54 d. de C., Séneca se convirtió en una importante presencia en la corte imperial. Agripina, la controladora madre de Nerón, le concedió mucha autoridad sobre su hijo, y por lo tanto sobre el imperio. Sin embargo, Nerón y su madre no tardaron en enemistarse, lo cual puso a Séneca en una posición más bien incómoda. Como consecuencia de una discusión, y de la ira de Agripina, el suegro de Séneca, Pompeyo Paulino, perdió el cargo de *praefectus annonae*, el encargado de la distribución de las enormes importaciones de cereales de Roma. Séneca era demasiado importante para deshacerse de él.

Merece la pena señalar que *Sobre la brevedad de la vida* está dirigido a este mismo Paulino y alude directamente al problema. En los capítulos finales, lo insta a dimitir del puesto. Quizá, como defiende Miriam Griffin, Séneca escribió el ensayo en parte para evitar la vergüenza pública a su suegro y disfrazar la destitución de jubilación feliz. Si aceptamos esta tesis, podemos fechar la obra con mayor precisión en 55 d. de C., durante el primer año del reinado de Nerón. En todo caso, la obra no se pudo escribir más tarde, pues sabemos que por entonces Paulino desempeñaba aún el cargo.

En el 55 d. de C., Séneca no había hecho más que comenzar a vislumbrar los problemas a los que tendría que enfrentarse como hombre razonable y moderado en una corte tumultuosa. En la década siguiente sería cómplice, directo o indirecto, de varios asesinatos dinásticos, el de Agripina entre ellos; se vería obligado a tolerar las extrañas pasiones de Nerón, y empeñaría la mayor parte del tiempo en la supervisión del imperio, ocupación contraria a lo que nos aconseja en este tratado.

Cuando escribe «El que ha logrado el cargo que tanto deseaba y camina entre *fasces* quiere desprenderse de ellos cuanto antes y se pregunta una y otra vez "¿Cuándo acabará mi legislatura?"», podría haber estado hablando de sí mismo. Aunque soportó una carga tan pesada como ellos, si no mayor, a Séneca, a diferencia de otros altos funcionarios del imperio, nunca lo precedieron los *fasces* que simbolizaban la autoridad imperial.

Mientras desempeñaba el cargo de jefe de gabinete oficioso de Nerón, Séneca se hizo inmensamente rico, mucho más que sus coetáneos, lo cual entraña otro problema para el lector moderno. Como decíamos antes, en *Sobre la brevedad de la vida* Séneca se refiere a menudo al afán de lucro como causa de gran parte de nuestro desperdicio de tiempo y arremete contra los millonarios consentidos y los patronos poderosos. Sin duda, ejerció su patronazgo y recibió a diario a sus clientes con menos desprecio y mezquindad de la que describe en la obra, y afirma (en otras obras) que su propia riqueza siempre le ha sido saludablemente indiferente. Sin embargo, por mucho que predicara el sinsentido de la codicia, ya en su época se le acusaba de especulador y usurero y las críticas persisten hoy en día. Es difícil no llegar a la conclusión de que deseaba estar en la procesión y repicando o, de forma más caritativa, que exigía actitudes más elevadas a los demás que a sí mismo.

Es imposible que Séneca previera en el 55 d. de C. las dificultades a las que habría de enfrentarse en la corte de Nerón. De haber sabido lo que le deparaba el destino a medida que Nerón caía en la demencia y cometía los asesinatos dinásticos, seguramente habría intentado abandonar la corte, pero cuando verdaderamente lo intentó, alrededor del 62 d. de C., ya era demasiado tarde. Nerón lo necesitaba para dar legitimidad a su decadente régimen. Séneca pasó los siguientes tres años, los últimos de su vida, en un extraño limbo. Aunque aún era un alto funcionario de la corte, trató de pasar desapercibido y de mantenerse lo más lejos posible de la deriva asesina del emperador. En esos años compuso las *Epístolas morales*, su obra maestra, de las que se han incluido dos fragmentos en este volumen con el fin de demostrar que Séneca siguió meditando acerca del tema del tiempo incluso cuando se daba cuenta de que el suyo tocaba a su fin.

Este llegaría en el 65 d. de C., cuando Nerón descubrió una conspiración para acabar con su vida en la que estaban involucrados varios amigos de Séneca y el poeta Lucano, sobrino del autor. No sabemos con exactitud si Séneca formaba parte del complot, pero, según Tácito, Nerón llevaba tiempo buscando la excusa para deshacerse de su antiguo maestro, que se había convertido en un incómodo recordatorio de tiempos de mayor rectitud. Hizo que sus soldados rodearan la casa de Séneca y lo obligó a suicidarse, un método de deshacerse de los enemigos políticos frecuente en la Roma imperial. Una vez más según Tácito, Séneca se enfrentó a la muerte con aplomo y serenidad, incluso cuando la tarea de quitarse la vida se le hizo dolorosa e interminable.

Ya en su día, a Séneca se le consideraba un maestro de la prosa y probablemente también de la poesía, aunque no disponemos de muchos testimonios de la acogida que tuvieron sus tragedias. Los tratados filosóficos, por su parte, rebosan de apasionada intensidad, humor mordaz y ejemplos persuasivos expresados mediante un estilo directo y contundente. En el presente volumen he tratado de transmitirlo, incluso a riesgo de sonar un tanto forzado. He intentado dejar a Séneca hablar con su propia voz.

El mensaje principal de *Sobre la brevedad de la vida* se solapa con el de la cita de Tsongas, pues Séneca nos apremia a contemplar la vida desde el lecho de muerte y a no dar por sentada nuestra existencia en la tierra, pues será inevitablemente breve. No obstante, la obra es mucho más que una simple exhortación a pasar menos tiempo en la oficina. Es una llamada a *vivir* de verdad, tal y como Séneca define la auténtica vida, definición que a muchos lectores les parecerá sorprendente y novedosa. Si la obra los lleva a reconsiderar cómo pasan el tiempo, Séneca habrá logrado su objetivo.

EL ARTE DE VIVIR

SOBRE LA BREVEDAD DE LA VIDA

[1] La mayoría de los mortales, Paulino,[1] se queja de la malevolencia de la Naturaleza, que nos trae al mundo por un tiempo limitado, tan escaso y fugaz que a la mayoría de los seres humanos la vida nos abandona en medio de los preparativos para la vida. Este mal universal no afecta solo a las personas ignorantes y vulgares (aunque ellas así lo crean), sino también, a juzgar por sus encendidos lamentos, a las ilustres. De ahí la máxima tan conocida del mejor de los médicos,[2] «la vida es breve, el arte es largo», y también el reproche de Aristóteles, tan poco propio de un filósofo: «la Naturaleza otorga a los animales una vida de cinco o diez generaciones de duración, y en cambio el

final de la del ser humano, nacido para tantos y tan grandes logros, está siempre a un paso».[3]

En realidad, nuestra vida no es breve. Lo que sucede es que perdemos el tiempo. La vida bien aprovechada nos permite cosechar grandes logros, pero si la despilfarramos buscando placeres y nos entregamos a la imprudencia, si no la usamos para alcanzar fines nobles, cuando nos llegue la hora nos daremos cuenta de que ha pasado volando. La vida no es corta, la acortamos nosotros. No somos pobres de vida sino derrochadores. Igual que el patrimonio de un rey desaparece en las manos equivocadas y se multiplica en las de un buen administrador, por modesto que sea, la vida de quienes saben administrar el tiempo es larga.

[2] ¿Por qué quejarse de la Naturaleza, siempre bondadosa? La vida de quien sabe hacer uso de ella es larga, pero a uno lo consume la codicia insaciable y a otro lo agotan los esfuerzos inútiles; este se empapa en vino, aquel vegeta en la pereza; a aquel otro, siempre pendiente de lo que piensen los demás, lo devora la ambición, y al de más allá lo

arrastra por tierra y mar el insaciable afán de lucro. A unos, siempre empeñados en herir a los demás o preocupados por no resultar heridos, los atormenta la pasión por la guerra; otros se dejan esclavizar por la nunca correspondida sumisión a los superiores. No faltan quienes viven codiciosos de la fortuna ajena o preocupados por la propia. Y no olvidemos a quienes su inquieta, mutable e insatisfecha superficialidad los zarandea sin objetivo fijo de acá para allá y a quienes, jamás satisfechos con lo que podrían haber logrado, los sorprende la muerte bostezando y holgazaneando, lo cual me confirma la exactitud de las palabras del mejor de los poetas cuando decía, a la manera de un oráculo, «de la vida es escasa la parte que de verdad *vivimos*».[4] El resto de la vida no es vida, sino tiempo.

Los vicios nos asedian, nos impiden alzar los ojos y ver la verdad, nos obligan a bajar la mirada hasta que solo vemos nuestros deseos. Los seres humanos no pueden regresar a su verdadero ser. Cuando la suerte les concede un respiro, son como la alta mar, que sigue agitada después de la tormenta: nunca sosiegan ni se libran de sus deseos. ¿Crees que me refiero solo a aquellos cuyas faltas son indiscutibles? Fíjate en esos cuya suerte a todos atrae[5] y verás que viven agobiados por su propia fortuna. ¡A cuántos los abruma la riqueza! ¡A cuántos los dejan sin energía la elocuencia y la necesidad de ostentar su talento! ¡Cuántos enferman por culpa de los placeres! ¡Cuántos viven sin libertad, rodeados por un ejército de clientes! Míralos bien a todos, Paulino, del más bajo al más encumbrado: uno contrata los servicios de un abogado, otro acepta el caso, el tercero se sienta en el banquillo, el cuarto prepara la defensa, el quinto hace de juez, pero la demanda no es para reclamar su tiempo para sí mismos, sino que cada uno lo derrocha en nombre del otro.

Párate a pensar en esos cuyo nombre anda en boca de todos y llegarás a la conclusión de que tienen un rasgo en común: son sirvientes unos de otros y ninguno es dueño de sí mismo. Considera después la insensatez de quienes se quejan de que sus patronos los desprecian porque siempre están demasiado ocupados para recibirlos. ¿Cómo se atreve a quejarse de la arrogancia de los demás quien no tiene tiempo para sí mismo? Al menos su patrono se ha dignado percibir su existencia alguna vez (sea quien sea), aunque haya sido torciendo el gesto; ha prestado oídos a sus palabras y lo ha admitido en su presencia cuando él no se molesta en mirarse o escucharse a sí mismo. Quien no ofrece un favor por el deseo de estar con alguien, sino por la incapacidad de estar consigo mismo, no tiene derecho a esperar que se lo devuelvan.

[3] Aunque todas las almas que alguna vez han brillado se pusieran de acuerdo en esto, la obstinación que empaña el entendimiento humano nunca dejaría de asombrarlas. Nadie permite que le quiten un palmo de su tierra. A la más mínima disputa de lindes recurren en seguida a las piedras y a las armas, pero en cambio se dejan robar la vida o incluso invitan de buen grado a sus futuros dueños. No compartimos el dinero voluntariamente, pero repartimos nuestra vida a manos llenas. La gente es codiciosa con lo material, pero es despilfarrado-

ra cuando se trata de gastar el tiempo, lo único en lo que la codicia es una virtud.

Ojalá pudiera decirle a un anciano: «Estás en la recta final de la vida. Cien años o más pesan sobre tus hombros. Echa la vista atrás y saca cuentas. Calcula el tiempo que te han robado los acreedores, las amantes o los gobernantes; las discusiones con tu esposa, las reprimendas a los esclavos y las caminatas por la ciudad, solucionando problemas; añade ahora las enfermedades que has contraído por tu propia culpa y el tiempo perdido en no hacer nada. Verás cómo los años no te cuadran.

»Haz memoria de las veces que has perseverado en tu propósito, de los días que han salido según tus planes, cuándo has estado en pleno control de ti mismo; cuándo has tenido en el rostro una expresión tranquila; cuándo no has vivido con el espíritu encogido. Piensa ahora en las obras que has llevado a cabo; en las personas que te han arrebatado la vida sin que te dieras cuenta de lo que perdías; en el tiempo que se han llevado el sufrimiento inútil, la euforia estéril, el deseo codicioso, la adulación. Calcula el poco tiempo que te queda y comprenderás lo prematuro de tu muerte».

¿Preguntas cómo se explica? Vives como si fueras a hacerlo siempre, sin pararte a pensar en la fragilidad humana. No tienes en cuenta el tiempo transcurrido, lo malgastas como si se tratara de un almacén lleno a rebosar, cuando la verdad es que el día que has malgastado en vano bien puede ser el último. Todo lo temes como un mortal y todo lo deseas como un inmortal. Oyes a la gente decir: «A los cincuenta me empezaré a tomar la vida con calma, y a los sesenta me jubilaré del todo». ¿Qué garantía de longevidad crees que tienes? ¿Por qué te van a salir las cosas según tus designios? ¿No te da vergüenza reservar para ti *el resto* de tu vida y destinar a los pensamientos más elevados solo la parte que no puedes consagrar a las obligaciones? ¡Qué tarde empezar a vivir justo cuando toca dejar atrás la vida! ¡Qué necio olvidar que somos mortales, dejar los buenos propósitos[6] para los cincuenta o sesenta y pretender empezar la vida a una edad a la que pocos llegan!

[4] Verás que incluso los más poderosos y encumbrados desean el ocio, lo alaban, lo prefieren a los bienes materiales. Verás que a menudo desean bajar del pedestal, si pueden lograrlo sin riesgos, pues la fortuna cambia por sí sola sin que la empuje ninguna fuerza externa.

El divino Augusto,[7] al que los dioses colmaron de bienes, nunca dejó de rezar por el descanso ni de buscar un respiro de los asuntos de Estado. Cuando conversaba siempre volvía al tema de su deseo de ocio. El pensamiento dulce, aunque falso, de que un día viviría para sí mismo lo consolaba y distraía de sus preocupaciones. En una carta dirigida al Senado,[8] en la que menciona que descansar no sería una actividad falta de dignidad ni estaría reñida con la gloria que había adquirido hasta aquel momento, he leído estas palabras: «Hablo de asuntos que resultan más admirables en la ejecución que en la promesa. En todo caso, el deseo de ese tiempo tan anhelado[9] me lleva, ya que el gozo de conseguirlo se retrasa, a buscar un poco de goce anticipado en la dulzura de las palabras».

El ocio le parecía tan importante que, a la espera de poder permitírselo en la práctica, lo saboreaba con el pensamiento. El emperador, del que todo dependía, que decidía el destino de pueblos y naciones, esperaba jubiloso el día en que pudiera por fin deshacerse de su propia grandeza. Era muy consciente del esfuerzo que supone el bienestar del imperio y de las preocupaciones veladas que esconde. Se había visto obligado a librar una guerra primero contra sus ciudadanos, después contra sus iguales y por último contra su familia.[10] Había derramado sangre por tierra y mar. Forzado a marchar sobre Macedonia, Sicilia, Egipto, Siria y Asia Menor, derramando sangre en prácticamente todas las costas, lanzó a sus ejércitos, cansados ya de sangre romana, a la guerra en el extranjero. Mientras conquistaba los Alpes y vencía a los enemigos de la paz del imperio, mientras ensanchaba las fronteras hasta más allá del Danubio, el Rin y el Éufrates, Murena, Cepión, Lépido, Egnatio y otros afilaban los cuchillos contra él[11] aquí en la misma Roma. Cuando aún no había terminado

11

con sus traiciones, su hija y muchos jóvenes de alta cuna, aliados en el adulterio como si de un voto se tratara, vinieron a turbar una y otra vez su ya avanzada edad, al tiempo que Julo y cierta mujer vinculada a uno de los Antonios le causaban nuevas tribulaciones.[12] En cuanto se extirpaba una llaga cortando sus propios miembros, surgían otras nuevas, igual que en un cuerpo empapado de sangre en donde siempre aparecen nuevas hemorragias. Así anhelaba Augusto el descanso, y en la esperanza y la contemplación del ocio se aliviaba de sus afanes. Esto deseaba aquel capaz de hacer realidad los deseos ajenos.

[5] Marco Tulio Cicerón, hostigado por Catilinas, Clodios, Pompeyos y Crasos, enemigos declarados los unos, amigos traicioneros los otros, capeó el temporal para salvar la República y luchó por mantener a flote el Estado, pero se fue finalmente a pique.[13] No supo ni disfrutar de la prosperidad ni soportar la adversidad. Cuántas veces maldijo el consulado que tanto alababa la gente, con razón, aunque sin mesura. Qué palabras

doloridas le enviaba por carta a Ático al enterarse de que Pompeyo el Grande había sido derrotado, pero su hijo reagrupaba sus fuerzas en Hispania.[14] «¿Me preguntas a qué me dedico ahora?», dice. «Aquí en mi finca de Túsculo vivo medio libre», añade. A continuación se lamenta de la vida pasada, se queja de la presente y desespera de la futura. Cicerón se llama a sí mismo «medio libre», y yo te juro, Paulino, que un sabio ni se rebaja jamás a semejante calificativo ni será jamás «medio libre», sino siempre completamente libre, sin ataduras, dueño de sí, y siempre estará por encima de todo. ¿Qué puede estar por encima de quien está por encima de la suerte?

[6] El enérgico y vehemente Livio Druso[15] impulsó leyes radicales y provocó disturbios en época de los Gracos.[16] Se dice que, aunque contaba con mucho apoyo por toda Italia, no avizorando un buen final para los proyectos que no podía llevar a cabo ni abandonar una vez puestos en marcha, maldijo su vida, consagrada al trabajo desde el inicio, y se quejó de no haber conocido el

ocio ni de niño. Cuando era joven y no vestía aún la toga de los adultos, se atrevió a desempeñarse como abogado defensor ante los jueces y a ejercer su influencia en los tribunales con tanta eficacia que contra todo pronóstico logró algunos veredictos favorables. ¿Dónde estaba el límite de una ambición tan precoz? No era difícil suponer que su inmadura audacia terminaría mal, tanto en lo personal como en lo público. Aquel hombre conflictivo e influyente en el foro lamentaba demasiado tarde no haber disfrutado de un solo día libre. Todavía no está claro si se quitó la vida. Se sabe que se desplomó de pronto tras resultar herido en la ingle. Hay quien duda de que su muerte fuera voluntaria, pero nadie de que fuera oportuna.

Es inútil seguir dando ejemplos de personas que, aun pareciendo felices, han demostrado con sus palabras que detestaban cuanto emprendieron en su vida. Sus quejas, no obstante, no produjeron ningún cambio ni en ellos ni en los demás, pues los sentimientos vuelven a sus hábitos después del desahogo de las palabras.

Por Hércules, os aseguro que vuestra vida,[17] aunque dure más de mil años, quedará al final reducida a un tiempo muy escaso, pues los vicios de los que hablaré ahora devorarán un siglo tras otro. Es inevitable que el tiempo, que dilata la razón y por naturaleza pasa volando, se os escape a toda velocidad, pues al ser lo más fugaz no podéis detenerlo ni retrasar su curso y por eso lo dejáis pasar como si no tuviera valor o pudierais reponerlo.

[7] Me refiero en primer lugar a quienes solo tienen tiempo para la bebida y los placeres físicos, pues no hay ocupación más vergonzosa. Después vienen los que se dejan seducir por el vano espejismo de la gloria, que sin duda se pierden, pero con aparente dignidad; añade después a los codiciosos, a los coléricos y a los que promueven guerras injustas y odios sin motivo, que al menos pecan con un asomo de valentía. No hay perdón para la deshonra de quienes se rinden a la lujuria o al estómago.[18] Estudia a qué dedican el tiempo: cuánto pasan contando sus ganancias, cuánto maquinando, cuánto recelosos; cuánto adulando o de-

jándose adular; cuánto les roban los tribunales, ya sean acusadores o acusados, cuánto pierden en cenas y banquetes convertidos ya en citas de negocios obligatorias: te darás cuenta de que ni sus males ni sus bienes los dejan respirar.

En resumen, es indiscutible que las personas ocupadas no pueden dedicarse a ninguna empresa elevada, ya sea la oratoria o las artes liberales, pues el espíritu distraído no llega al fondo de nada, todo lo escupe como si le obligaran a tragarlo. No hay cosa más ajena al espíritu ocupado que la vida,[19] que es la materia más difícil de aprender. Profesores de otras artes hay por todos lados. A veces hasta los niños las dominan tan bien que enseñan a los demás. Sin embargo, a vivir y —quizá esto te asombre aún más— a morir se aprende durante toda la vida. Son muchas las mentes privilegiadas que, libres ya de impedimento tras renunciar a la riqueza, las obligaciones y los placeres, se consagran a aprender a vivir y mueren admitiendo que aún no saben hacerlo. Imagina cuánto menos sabrán las mentes mediocres.

Créeme: que no se te escape un minuto de tiempo es indicio de grandeza y de estar por encima de la naturaleza falible del ser humano. Quien aprovecha el tiempo vive muchos años, pues los momentos de ocio, por breves que sean, los dedica solo a sí mismo. No se permite la vagancia ni la inactividad; nadie se adueña de su tiempo, porque no lo cambia por nada y lo protege con celo. Por eso el tiempo le basta, mientras que a otros les falta siempre, pues la vida pública se lo roba. No creas que no son conscientes de lo que pierden. Muchos de los que viven abrumados por la riqueza protestan entre hordas de clientes,[20] procesos judiciales y otras preocupaciones honorables y exclaman «¡No me dejan *vivir*!». ¿Cómo iba a ser de otra manera? Todos los que te reclaman te alejan de ti mismo. ¿Cuántos días te ha robado aquel acusado? ¿Y aquel candidato? ¿Y aquella anciana cansada de enterrar herederos?[21] ¿Y aquel enfermo fingido que azuza la codicia de los cazadores de herencias? ¿O aquel poderoso «amigo» que no te requiere por amistad sino por ostentación? Haz cuenta de los días de tu vida y verás que pocos e inútiles te quedan.

El que ha logrado el cargo que tanto deseaba y camina entre *fasces*[22] quiere desprenderse de ellos cuanto antes y se pregunta una y otra vez «¿Cuándo acabará mi legislatura?». Otro organiza unos juegos y aunque antes pensaba que era una tarea que valía una fortuna, ahora dice «¿Cuándo me libraré de esto?». Un tercero, abogado famoso al que se disputan por el foro y que, hable donde hable, atrae a tanta gente que apenas se le oye, dice: «¿Cuándo podré tomarme unas vacaciones?». Vivimos a toda prisa, agobiados por la ansiedad del futuro y los sinsabores del presente.

Por el contrario, las personas que solo dedican el tiempo a sus propios fines y organizan cada día como si contuviera una vida entera, ni anhelan el mañana ni lo temen. Y es que, en realidad, ¿qué nuevo placer puede darles una fugaz hora? Todo lo conocen, todo lo disfrutan. Que la fortuna disponga del resto: la vida no peligra. Se le puede añadir, pero no sustraer, y lo que se le añade es como servirle comida a alguien que está ya saciado y la acepta, aunque no le apetezca.

No hay motivos para que pienses que las canas y arrugas son señal de haber vivido mucho. Haber vivido mucho tiempo no es lo mismo que haber existido muchos años. ¿Crees que ha navegado mucho aquel que, nada más zarpar, es arrebatado por una terrible tormenta que lo arrastra de acá para allá, a merced de los vientos enfurecidos? Ese no ha viajado mucho, a ese lo han zarandeado mucho.

[8] Me asombra la gente que pide tiempo y la gente que lo concede. Unos y otros piensan en el motivo por el que lo piden o conceden, pero ninguno en el tiempo en sí mismo. Juegan con lo más valioso como si no fuera nada. Se engañan porque el tiempo es intangible e invisible. Lo consideran la mercancía más barata, es más, no le dan prácticamente ningún valor. La gente valora los salarios y donativos y les dedica su esfuerzo, su trabajo y su celo, pero no valora el tiempo; lo derrocha como si fuera gratis. Sin embargo, cuando ronda la muerte,

verás a esa misma gente suplicar agarrada a las rodillas de su médico, y si teme la pena capital, la verás desprenderse gustosa de todos sus bienes a cambio del derecho a vivir. Así de contradictorias son sus emociones. Si la gente supiera cuántos años le quedan igual que sabe cuántos años ha vivido, ¡cómo temblarían los que vieran que les quedan pocos! ¡Cómo los acapararían! Cuando se conoce la cantidad es fácil administrar la escasez. Lo que hay que guardar con más cuidado es lo que no sabemos cuánto dura.

No creas que ignoran lo valioso del tiempo, pues a menudo dicen a sus seres amados que sacrificarían parte de sus propios años por ellos. Y por mucho que lo hagan no lo comprenden, pues se los quitan a sí mismos sin aumentárselos a los otros. En realidad, ni siquiera se dan cuenta del sacrificio, pues los pierden sin sentir que los han perdido.

Nadie te devolverá los años. Nadie te devolverá a ti mismo. La vida seguirá su curso sin volver atrás, sin detenerse. Sin ruido, sin advertirte de su propia ligereza. Se esfumará en silencio. No se prolongará por mandato del rey ni por la voluntad del pueblo. Pasará como se puso en marcha el día en que naciste, nada la detendrá ni la retrasará. La vida corre mientras tú te afanas, y entre tanto se acerca la muerte y para esa cita, te guste o no, tendrás que encontrar un hueco.

[9] ¿Hay algo más necio que alardear de prudencia? Los que lo hacen se esfuerzan por vivir mejor. Pagan con la vida la vida que construyen.[23] Planean a largo plazo cuando en realidad la anticipación es el mayor derroche de vida, pues nos despoja de cada día y nos roba el presente con la promesa del futuro. La anticipación depende del mañana y dilapida el hoy.[24] Dispones lo que está en las manos de la fortuna mientras descuidas lo que está en la tuya. ¿Qué pretendes? ¿Cuál es tu objetivo? La incertidumbre nubla el porvenir. ¡Vive el momento!

¡Escucha! El mejor de los poetas, inspirado por la boca divina, nos devuelve la salud con su canto:

Los mejores días de la vida son los primeros
en escapar
de los pobres mortales.[25]

«¿A qué tanto vacilar?», nos apremia. «¿A qué tanto demorarse? Agárralos o se te escaparán.» ¡Ay, se escaparán de todas formas, por mucho que los agarres! Combate la fugacidad del tiempo bebiéndolo como si fuera un veloz torrente que no tardará en agotarse. Mira con cuánto acierto reprocha el poeta la interminable procrastinación al decir «los mejores días» y no «la mejor época». ¿Por qué indolente y pasivo desperdicias el tiempo y te prometes largos meses y años conforme a tu avaricia? El poeta te habla de este mismo día que se te escapa entre las manos, pues sin duda «los mejores días» se les escapan a «los pobres mortales», es decir, a los mortales ocupados. La vejez, a la que llegan desarmados y desprotegidos, les oprime el alma de niños. Caen en ella de repente, pues no se daban cuenta de que se les acercaba día a día. Igual que la conversación, la lectura o la meditación entretienen a los viajeros y antes de notar que el destino está cerca ya han llegado, los ocupados solo ven al final el camino de la vida, inalterable y veloz, que recorremos al mismo paso tanto si estamos despiertos como si estamos dormidos.

[10] Si quisiera dividir este tratado en partes y argumentos independientes, demostraría de mil y un modos que la vida de los ocupados es extremadamente corta. Fabiano, que no era uno de esos profesores de filosofía de hoy, sino un filósofo auténtico y a la vieja usanza,[26] solía decir que a las pasiones se las combate a brazo partido, no con sutilezas, y que a la línea enemiga se la rompe atacando de frente, no con pinchazos. No era amigo de las palabras tibias, porque el vicio hay que aplastarlo, no picotearlo. Sin embargo, para que los ocupados salgan de su error hay que enseñarles, no tratarlos como casos perdidos.

La vida se divide en tres etapas: lo que ha sido, lo que es y lo que será. De las tres, la que vivimos ahora es breve, la que viviremos, incierta, y la que hemos vivido, inmutable. Sobre esta última, la fortuna no tiene ya autoridad, ni volverá a estar bajo la jurisdicción de nadie. Sin embargo, esta tercera etapa es precisamente la que se pierden los ocupados, pues no tienen tiempo para mirar atrás y si lo hacen les desagrada el recuerdo de aquello de lo que se arrepienten. Vuelven, pues, a regañadientes al tiempo desperdiciado y no se atreven a hacer memoria, pues el recuerdo manifiesta sus errores. Solo quienes controlan lo que hacen por medio de su propio juicio, que es infalible, miran con placer al pasado. En cambio, es natural que teman a sus propios recuerdos los ambiciosos, los codiciosos, los soberbios, los crueles en la victoria, los pérfidos en el engaño, los que roban con avaricia, los que derrochan con imprudencia. El pasado es una parte sagrada de la vida, está más allá de nuestras circunstancias, a salvo de los caprichos de la fortuna, no lo alcanzan la pobreza, el miedo o la enfermedad, es inviolable e imperturbable, y lo tenemos a nuestra disposición eterna e inmutablemente. Los días del presente transcurren de uno en uno y momento a momento, pero los del pasado comparecerán todos a la vez en cuanto tú lo ordenes y te permitirán examinarlos y retenerlos a tu antojo, cosa que los ocupados no tienen tiempo de hacer.

El ánimo de las personas pacíficas y serenas transita por las tres partes de la vida. El de los ocupados, por el contrario, es como un buey uncido al yugo, que no puede volverse y mirar atrás. Su vida desaparece en el abismo, e igual que no se puede servir si no hay recipiente, no importa cuánto tiempo se les conceda: si no tiene dónde asentarse, se escapa a través de mentes con agujeros y grietas.

El presente es tan breve que hay quien piensa que no existe. Siempre está en movimiento, siempre fluyendo, siempre hacia delante. Deja de existir antes de llegar y no se demora nunca, como el cosmos, los planetas y las estrellas, tan inquietos que nunca permanecen en el mismo sitio. Por este motivo, a los ocupados solo les importa el presente, tan fugaz que nadie puede aferrarse a él, e incluso ese tiempo lo malogran, inmersos como están en tantas cosas.

[11] ¿Quieres saber lo breve que es su vida? Fíjate en lo larga que es la vida que quieren vivir. Son viejos achacosos que elevan plegarias mendigando unos pocos años más; fingen ser más jóvenes de lo que son, se adulan y se engañan a sí mismos con el entusiasmo de quien pretende engañar al mismo destino. Pero cuando alguna dolencia les recuerda su naturaleza mortal, los verás morir presas del pánico, no como si dejaran la vida atrás sino como si los echaran de ella a empujones, proclamando a gritos su necedad por no haber vivido y jurando que, si se curan, en adelante aprovecharán el tiempo. Solo en ese trance reparan en la inutilidad de los bienes acumulados de los que no disfrutarán y en la vanidad de su esfuerzo.

En cambio, ¿cómo no va a ser larga la vida de quienes la pasan al margen de todo negocio? Nada de ella se delega en los demás, nada se dispersa, nada se deja en manos de la fortuna, nada se pierde por desidia, ni se malgasta por imprudencia o se deja en barbecho, sino que todo fructifica y rinde beneficios.[27] Así, por breve que sea, siempre basta.

Por eso el sabio no titubea cuando le llega la hora y camina hacia la muerte con paso firme.

[12] Seguramente te preguntes quiénes son para mí los ocupados. Puedes estar seguro de que no me refiero solo a esos a quienes hay que echarles a los perros para que se vayan de los tribunales;[28] a los que vemos aplastados bajo el peso de la adulación de sus clientes o el desprecio de los clientes de otro;[29] a los que las obligaciones sacan de casa y arrojan contra la puerta de la casa ajena, o a los que van detrás de la lanza del pretor[30] buscando un beneficio podrido que no tardará en infectarse.

Hay personas para las que el ocio es negocio. Se atormentan en su finca, en la cama, en soledad, incluso apartados de todo y de todos. No llevan una vida de ocio sino de ocupación estéril. ¿Llamarías ocioso a quien colecciona con avaricia bronces de Corinto inflados de precio porque la élite los ha puesto de moda y se pasa la vida entre cacharros de metal oxidados? ¿O al que se sienta al lado de la palestra para ver combatir a los jóvenes (qué vergüenza que ni nuestros vicios sean ya romanos)?[31] ¿O al que agrupa a sus aceitados atletas[32] por edad y color de piel? ¿O al que mantiene a algún atleta de moda? ¿Qué respondes? ¿Dirías que disfruta del ocio quien se pasa las horas en el peluquero, haciéndose cortar el cabello que acaso haya crecido durante la noche y celebrando consejo por cada pelo, mientras le acicalan la cabellera si está despeinada o le tapan la calva con mechones de ambos lados sobre la frente? ¡Qué rabietas si el peluquero, creyendo que el cliente era un hombre, se descuida un poco! ¡Qué furia si les cortan un solo pelo de la orgullosa melena, o si algo no está en su sitio o si los rizos no tienen el debido volumen! ¿Quién de esos no prefiere los disturbios en la República que en el peinado? ¿Quién de esos no se preocupa más por tener la cabeza bien peinada que por conservarla sobre los hombros? ¿Quién de esos no prefiere el estilo a la virtud? ¿Crees que el ocio consiste en pasarse la vida entre peines y espejos?

¿Y qué me dices de los que se dedican a componer, escuchar y recitar canciones, esos que fuerzan la voz humana, dotada por la Naturaleza de un registro sencillo y excelente, con modulaciones extrañas y cantinelas mediocres? ¿Y de aquellos que no dejan de chasquear los dedos para medir el compás de alguna canción que les ronda por la cabeza? ¿Y de aquellos que canturrean por lo bajo incluso cuando están en medio de un asunto serio? Lo de esa gente no es ocio sino obligación estéril.

Por Hércules que no incluiría yo los banquetes de esta gente[33] entre los ratos de ocio cuando los veo colocar cuberterías de plata con diligencia, ceñir la túnica de los efebos[34] con delicadeza y esperar con impaciencia a ver qué tal sale el asado de jabalí de la cocina. Con qué presteza corren a sus puestos los esclavos bien depilados[35] en cuanto suena la señal, con qué habilidad se trinchan las aves en pequeñas raciones, con qué esmero limpian los desdichados y púberes esclavos el vómito de los borrachos. Así se labran la fama de elegantes y refinados. Llevan el vicio tan adentro que ya no saben comer ni beber sin ostentación.

Tampoco seré yo quien cuente entre los ociosos a esos que se hacen llevar de un sitio a otro en palanquín o silla de manos, que llegan justo a tiempo a la hora del paseo como si no pudieran vivir sin él, ni a los que necesitan que les digan cuándo es la hora de bañarse, de nadar o de comer, pues la pereza impone tanta laxitud a su ánimo malcriado que ni siquiera saben si tienen hambre.

Incluso me han contado de uno de estos malcriados, si puede llamarse crianza a desaprender la vida y las costumbres humanas, que cuando sus esclavos lo sacaban del baño y lo llevaban a cuestas hasta la silla de manos preguntaba: «¿Estoy sentado ya?». ¿Crees que una persona que no sabe si está sentada sabe si está viva, o si ve o si está ociosa? No sé si es más patético que no lo supiera o que fingiera no saberlo. Sin duda, este tipo de gente ignora muchas cosas, pero también finge no saber otras tantas. Se deleitan en el vicio como si fuera prueba de su felicidad. Creen que ser conscientes de lo que hacemos es indicio de bajeza y falta de clase.

Supón ahora que los mimos[36] se inventan esos números en los que critican la opulencia. Por Hércules que pasan por alto más de lo que se inventan, pues es tal la abundancia de vicios indignantes en esta época que reserva la creatividad solo para ellos, que podemos tachar a los mimos de negligentes. ¡Que haya alguien tan sumido en el vicio que tenga que preguntar si está sentado! Una persona así no está entregada al ocio. Aplícale otro calificativo, di que está enferma, o, mejor aún, que está muerta. Ociosa es la persona consciente de su ocio. ¿Cómo va a ser dueño de su tiempo un ser medio vivo que necesita que le indiquen la postura de su propio cuerpo?

[13] No viene a cuento enumerar los casos individuales de quienes echan su vida a perder con juegos de mesa, de bolas o bronceándose al sol. No llames ocio a actividades que tienen tanto de negocio.

Sin duda los que consagran la vida al inútil estudio de las letras, de los cuales hay muchos aquí en Roma, pierden el tiempo. Los griegos estaban obsesionados con saber cuántos remeros tenía Ulises, si la *Odisea* se escribió antes que la *Ilíada*, si los dos poemas son del mismo autor[37] y otras cuestiones por el estilo que no aportan nada a tu inteligencia si te las callas y si las cuentas no pareces más sabio sino más pedante. Pues fíjate: también a los romanos les ha dado por aprender estupideces. El otro día oí a alguien contar qué cosa había logrado por primera vez cada general romano:[38] Duilio fue el primero en vencer en una batalla naval, Curio Dentado fue el primero en incluir elefantes en un desfile triunfal. Estas cosas, si bien nada tienen que ver con la verdadera gloria, al menos dan ejemplo de servicio público. No obstante, esta erudición no sirve de nada, solo nos entretiene con datos tan atractivos como superfluos.

Perdonemos, por tanto, a los que se dedican a investigar quién convenció a los romanos de hacerse a la mar (Claudio Cáudex, así llamado porque antiguamente se denominaba *caudex* al ensamblaje de varios maderos, por eso los documentos públicos reciben el nombre de *códices* y los barcos de mercancías del Tíber se llaman tradicionalmente *codic ariae*). Concedámosle también relativa importancia a saber que tras conquistar Mesana, en Sicilia, Valerio Corvino fue el primero de los Valerios en adoptar como apodo el nombre de la ciudad conquistada, que poco a poco el vulgo fue convirtiendo en Mesala. Quizá incluso podamos tolerar que a alguien le interese que Lucio Cornelio Sila fuera el primero en exhibir leones sueltos en el circo, donde hasta entonces siempre habían aparecido atados, después de que el rey Boco del Norte de África le enviara lanceros para abatirlos. Pero seguro que no sirve de nada saber que Pompeyo fue el primero en disponer que un grupo de hombres inocentes de cualquier crimen combatieran en la arena contra dieciocho elefantes como si de una batalla se tratara.

(Nada menos que Pompeyo, ciudadano principalísimo de Roma y, según sabemos por su fama, hombre de intachable virtud entre los varones de antaño, consideró que exterminar seres humanos de una manera novedosa sería un espectáculo inolvidable. «¿Luchan a muerte? ¡No es bastante! ¿Los hacen pedazos? ¡No es bastante! ¡Que los aplasten esos enormes animales!» Es mejor que crueldades como estas caigan en el olvido, no sea que algún moderno aspirante al poder las descubra y le dé por entretenerse con ellas. ¡Cómo nos nubla el entendimiento la fortuna! Pompeyo se creyó tan superior a la naturaleza como para enfrentar hombres contra animales nacidos en tierras lejanas, como para obligar a combatir a especies tan dispares, verter copiosa sangre ante el pueblo romano al que pronto obligaría a verter más. Ese mismo Pompeyo, sin embargo, traicionado en Egipto, acabaría ofreciéndose a la espada del más bajo de sus sicarios,[39] y aprendería por fin la superflua vanidad del sobrenombre «el Grande» del que tanto presumía.)

Retomemos el hilo y te demostraré que el interés por estos temas no sirve de nada: la persona que antes mencionaba nos cuenta que Metelo, tras derrotar a los cartagineses en Sicilia, fue el primero en exhibir delante de su carro en un desfile triunfal ciento veinte elefantes capturados al enemigo. Y que Sila fue el último romano en ampliar el pomerio, que, según la tradición, se ampliaba solo cuando se conquistaban tierras en Italia, no en las provincias. Conocer estos datos no es más beneficioso que saber cosas que o son falsas o lo parecen, como por ejemplo que para Sila el Aventino quedaba fuera del pomerio por una de las dos razones siguientes: porque la plebe decidió asentarse allí o porque las aves no dieron a Remo buenos auspicios sobre el lugar.

Incluso si aceptas que los historiadores dan cuenta de estas cosas de buena fe y juran y perjuran que sus escritos son ciertos, ¿evitan estas anécdotas que alguien cometa errores? ¿Aplacan las pasiones de alguien? ¿Hacen que alguien sea más valiente, más justo, más generoso? Nuestro Fabiano[40] solía decir que no sabía si era mejor no estudiar nada antes que enredarse con estudios de este tipo.

[14] Solo disfrutamos del ocio verdadero quienes gozamos de la libertad de entregarnos a la filo-

sofía.[41] Solo nosotros vivimos realmente, porque no solo protegemos nuestro tiempo, sino que a la vez añadimos las épocas pasadas a la nuestra. Integramos el pasado en nuestra vida. A no ser que seamos el colmo de la ingratitud, los ilustres fundadores de las venerables escuelas de pensamiento nacieron y crearon un modelo de vida por y para nosotros. El trabajo de otros nos guía hacia materias bellas y sutiles rescatadas de la oscuridad. Ninguna época nos es ajena, en todas se nos admite, y si gracias a nuestra grandeza de espíritu conseguimos trascender los estrechos límites de la pobre humanidad, encontraremos mucho tiempo por el que pasear. Discutiremos con Sócrates, dudaremos con Carnéades, disfrutaremos de la serenidad con Epicuro, doblegaremos nuestra naturaleza humana con los estoicos y la superaremos con los cínicos.[42] Ya que la Naturaleza nos permite participar en cualquier época, ¿por qué no abandonamos nuestro fugaz y transitorio margen temporal y nos entregamos por completo a la inmensidad y la eternidad en la que habitan las almas excelsas?

En cambio, esas personas que vienen y van de un recado[43] a otro, molestándose a sí mismas y a los demás, cuando se hayan vuelto completamente locas, cuando hayan terminado su ruta diaria de portales cerrados, cuando hayan dado su mezquino buenos días en todas las puertas, ¿a cuántos patrones habrán visitado en una ciudad tan grande y llena de las más variadas pasiones? ¿Cuántos no los habrán recibido por sueño, pereza o descortesía? ¿Cuántos los habrán atormentado haciéndolos esperar durante horas para después pasarles por delante con prisas y sin apenas un saludo? ¿Cuántos evitarán pasar por el atrio repleto de clientes, escapando por los pasillos de su casa, como si dejarlos plantados no fuera peor que prohibirles el paso? ¿Cuántos, medio dormidos y resacosos por la borrachera de la noche anterior, pronunciarán entre irrespetuosos bostezos el nombre de estos desdichados que pierden sueño para velar el sueño ajeno que un esclavo les susurra por enésima vez entre dientes?[44]

¿Hemos de suponer que estos pobres dedican el tiempo a nobles tareas? Reservemos la capacidad de pensar para quienes intimamos a diario con Zenón, Pitágoras, Demócrito, Aristóteles, Teofrasto y otros altos sacerdotes de las bellas artes. A ninguno le falta nunca tiempo para recibirnos, todos nos envían de vuelta felices y satisfechos de nosotros mismos, ninguno nos deja marchar con las manos vacías. Su puerta está siempre abierta.

[15] No te obligan a morir, sino que te enseñan a hacerlo.[45] No te hacen perder el tiempo, sino que te regalan el suyo. Con ninguno es perjudicial la conversación, con ninguno es peligrosa la amistad, con ninguno la relación te saldrá cara.[46] Obtendrás de ellos cuanto quieras. De ti depende apurar a fondo cuanto puedas. Cuánta felicidad, qué vejez tan dichosa aguarda a quienes se convierten en sus clientes. Tendrán con quien sopesar asuntos graves y triviales, tendrán con quien examinar a diario su propia condición. Tendrán de quien escuchar la verdad sin ofensa y el elogio sin lisonja. Tendrán modelos en quien inspirarse.

Se dice que no está en nuestra mano elegir a nuestros padres, que nos los asigna el azar, pero en realidad los que practicamos la filosofía nacemos de quien queremos. Existen familias de intelecto elevadísimo. Elige a cuál quieres pertenecer. No solo heredarás su nombre sino también sus bienes,[47] que no has de acaparar con avaricia y mezquindad, pues cuanto más los compartas más se multiplican. Esta familia elegida te mostrará el camino a la eternidad y te elevará a ese lugar del que no se expulsa a nadie.

Esta es la única manera de alargar la vida humana o, mejor dicho, de hacerla inmortal. Honores, monumentos, todo eso que la ambición obtiene por decreto o levanta con esfuerzo, no tarda en convertirse en polvo. El transcurso del tiempo todo lo destruye o lo transforma, pero lo que la sabiduría consagra el tiempo no lo daña, no lo borrar ni lo mancilla, sino que, por el contrario, las edades venideras incrementarán su valor, ya que tendemos a envidiar lo cercano y a venerar lo que está lejos.

Por eso, la vida de los filósofos es tan larga y los límites que encierran a los mortales no la constriñen. Solo ellos están exentos de las leyes que gobiernan a la especie humana. Las edades los obedecen como a dioses. Recuerdan el tiempo pasado y anticipan el futuro. Alargan su vida uniendo lo que ha sido, lo que es y lo que será.

[16] No hay vida más breve y llena de ansiedad que la de quienes olvidan el pasado, ignoran el presente y temen el futuro. Cuando llega su última hora, los muy infelices entienden, tarde, que se han pasado la vida ocupados en hacer nada. No creas que oírlos invocar a la muerte de cuando en cuando[48] es señal de larga vida: la inconsciencia los atormenta con emociones contradictorias que los empujan hacia lo que temen, de modo que si desean la muerte es precisamente porque les atemoriza. Y tampoco lo es el hecho de que con frecuencia el día les resulte interminable, ni que mientras esperan a que llegue la hora de la cena se quejen de lo despacio que pasa el tiempo. Si alguna vez se liberan de sus obligaciones, el ocio

los angustia y no saben ni aprovecharlo ni utilizarlo, de modo que buscan rellenarlo de nuevas ocupaciones y el tiempo que pasa entre lo uno y lo otro se les convierte en una carga, como cuando se anuncia la fecha de un espectáculo de gladiadores o de cualquier otro entretenimiento o diversión, y quieren saltarse los días intermedios.

Cuando se retrasa lo que desean, la espera se les hace interminable y el tiempo que pasan disfrutándola siempre les resulta breve y fugaz. Además, su propia actitud lo hace más breve aún, pues alternan una cosa con otra y no se contentan con nada. Sus días no son largos sino odiosos. Por el contrario, qué cortas les parecen las noches que pasan abrazados a una prostituta o a una botella. De ahí procede también la locura de los poetas, que alimentan los extravíos humanos con sus historias. Cuando nos cuentan, por ejemplo, que Júpiter, ciego de deseo, duplicó la duración de la noche,[49] no hacen otra cosa que alimentar nuestros vicios y dar excusa y licencia a nuestras pasiones por medio del falso ejemplo del precedente divino. Es natural que las noches les parezcan cortas a quienes las compran a tan alto precio. Malgastan el día esperando la noche y la noche temiendo el día.

[17] Los placeres de los ocupados vienen siempre teñidos de temores y ansiedad, y cuando están en la cúspide del gozo siempre les asalta el mismo pensamiento: ¿cuánto durará esto? Más de un rey al que no le complacía tanto la grandeza de su fortuna como le aterraba su inevitable temporalidad ha llorado por eso. Mientras desplegaba sus tropas por el enorme campo de batalla, al ver que no podía contar el número de sus soldados sino solo el tamaño de su ejército, el arrogante emperador de Persia lloró porque en cien años ninguno de aquellos jóvenes seguiría vivo.[50] Ese que tanto lloraba por ellos adelantaría su muerte y perdería a unos en tierra, a otros en el mar, a otros en combate y al resto en la fuga. Acabaría en un instante con aquellos por cuya breve vida lloraba.

¿Quieres saber por qué su alegría está llena de ansiedad? Porque no tiene fundamento real y la vanidad de la que procede la desequilibra. ¿Cómo crees que son sus momentos de infelicidad cuando los de exaltación y elevación por encima del común de los mortales son tan poco sólidos?

La mayor alegría los preocupa en grado sumo, la mejor de las suertes les inspira la mayor de las desconfianzas. Para proteger la felicidad necesitan más felicidad y tienen que elevar plegarias por las plegarias cumplidas. Lo que consiguen por azar es inestable y cuanto más elevado, más probable su caída. Y visto que lo que está destinado a la caída no causa placer, es inevitable que la vida de quienes consiguen con gran esfuerzo lo que exige gran esfuerzo sea no solo brevísima sino desdichadísima. Cumplen sus deseos entre terribles dificultades y se aferran desesperadamente a ellos, y mientras tanto no ven el tiempo que pierden y que nunca recuperarán. Nuevas ocupaciones sustituyen a las antiguas, la esperanza engendra nueva esperanza y la ambición nueva ambición. No buscan acabar con la infelicidad sino cambiar lo que les hace infelices. ¿Nos amargaron la vida nuestros cargos públicos? Más nos la amargarán los de los demás. ¿Renunciamos al estrés de la vida política? Más nos estresaremos como electores. ¿Rechazamos la molestia de acusar? Más nos molestará la tarea de juzgar. ¿Renunciamos a la judicatura? Nos convertiremos en fiscales. ¿Envejecemos administrando los bienes ajenos a cambio de un salario? Nos robará el tiempo la administración de nuestro propio patrimonio.

Cayo Mario colgó el uniforme de soldado para ejercer de cónsul. Quinto Cincinato abandonó el puesto de dictador y volvió a labrar la tierra. Escipión atacó Cartago sin estar a la altura de la tarea. Venció a Aníbal y a Antíoco, obteniendo gloria para su consulado y asegurando el de su hermano, y de no haberse negado, lo habrían exaltado a la altura de Júpiter:[51] aun así, los disturbios civiles atormentaron al salvador de la patria,[52] y aquel que de joven despreció honores que lo igualaban a los dioses, de viejo exhibió un obstinado exilio. Los ocupados encuentran siempre motivo de preocupación, ya provenga de la buena o de la mala fortuna. Su vida es un continuo saltar de obligación en obligación. El ocio nunca es objeto de disfrute, sino de deseo.

[18] Por lo tanto, querido Paulino, aléjate del vulgo y después de tanto zarandeo en tan pocos años,[53] refúgiate en un puerto más tranquilo. Piensa en el oleaje que has capeado, en las tempestades que has tenido que soportar en la vida privada y en aquellas en las que te has metido tú solo en la pública. Tu virtud ha quedado demostrada más que de sobra en muchas y muy penosas situaciones, mira ahora cómo se comporta en el ocio. Has consagrado la mayor y ciertamente mejor parte de tu vida al servicio público;[54] dedícate a ti mismo algo de tiempo.

No te digo que te entregues a la apatía ni a la indolencia, ni que sofoques tu carácter enérgico con el sueño y los placeres vulgares, pues el descanso no consiste en eso. Te invito, por el contrario, a consagrarte a tareas más importantes que las realizadas hasta ahora con tanta eficacia y a llevarlas a cabo en tranquilo y sereno retiro. Tú que has llevado las cuentas del mundo[55] con el mismo desinterés que si fueran de un desconocido, con el mismo cuidado que si fueran tuyas, con la misma meticulosidad que si fueran públicas, has conseguido cosechar el afecto en un puesto en el que es difícil evitar el odio. No obstante, créeme que es mejor llevar las cuentas de la propia vida que las del suministro de trigo del Estado. Aparta tu fortaleza de ánimo, tan capaz de las empresas más difíciles, de un cargo público prestigioso, si bien poco propicio para la vida feliz, y considera que no estudiaste artes liberales en tu juventud para contar medidas de trigo, sino que anhelabas cosas más elevadas y profundas. Nunca faltarán hombres de carácter honrado y diligente. Los burros y las mulas son más adecuados para transportar fardos que los purasangres, cuyos bríos a nadie se le ocurre asfixiar con una pesada carga.

Piensa además en la enorme responsabilidad que te echas a las espaldas al gestionar el estómago de la ciudad: el pueblo hambriento no atiende a razones, ni se calma con rectitud ni lo conmueven los ruegos. Hace poco, cuando murió Calígula (que murió resentido, si es que los muertos tienen sentimientos, de ver que al pueblo romano que lo sobrevivía le quedaban aún víveres para al menos una semana)[56] sobrevino una escasez de alimentos, el peor de los males que acaecen a las ciudades en estado de sitio, mientras él organizaba un puente de pontones y se jugaba los abastos del imperio.[57] Su empeño en imitar a un emperador demente, arrogante, extranjero y malhadado como Jerjes estuvo a punto de provocar la hambruna y la destrucción y el caos que siempre la acompañan. ¿Cómo reaccionaron entonces los encargados de la administración del trigo, a punto como estaban de exponerse a las piedras, las espadas, el fuego y al propio Calígula? Ocultaron el tremendo mal que infectaba las entrañas del Estado con gran disimulo y mejor criterio, pues ciertas enfermedades solo se curan si el enfermo ignora que las padece. En más de una ocasión la causa de la muerte ha sido precisamente saber de la enfermedad.

[19] Refúgiate, pues, en asuntos más serenos, más seguros, más importantes. ¿Crees que encargarse de que el grano se almacene en los graneros sin sufrir el fraude de los estafadores o la negligencia de los transportistas, de que no lo estropee la humedad ni el calor y de que concuerde en peso y medida es lo mismo que consagrarse al estudio de temas sagrados y sublimes como la naturaleza de los dioses, su voluntad, carácter y forma, el destino último del alma, dónde nos lleva la naturaleza una vez separados del cuerpo físico, qué atrae a los elementos pesados al centro del universo mientras los ligeros se mantienen en suspensión, qué transporta al fuego a las alturas, dispone las órbitas de los cuerpos celestes y tantas otras cosas llenas de maravillas? ¿Es que no quieres abandonar el desabrido barro y elevar la mente a las alturas? Ponte en camino hacia esos mejores lugares mientras aún te late el corazón.[58] En esa nueva vida te aguardan las bellas artes, el amor y práctica de la virtud, el desapego de las pasiones, la ciencia del vivir y del morir y el profundo descanso de los asuntos terrenales.

Qué triste condición la de los ocupados. Y más triste aún la de quienes se afanan en obligaciones que no les corresponden. Duermen el sueño de otro, caminan al paso de otro.[59] Les imponen el amor y el odio, que son las cosas más libres. Si de verdad quieren saber lo breve que es su vida, que consideren que poca parte de ella les pertenece.

[20] Así pues, no envidies una toga de senador muy usada[60] ni un nombre muy conocido en el Foro, que todo eso se obtiene a cambio de la vida. Hay quien desperdicia todos sus años por dar nombre a uno solo.[61] A otros los abandona la vida sin darles tiempo a lograr lo que ambicionan. A otros, tras soportar mil indignidades para alzarse con la suprema dignidad, los fulmina el negro pensamiento de haberse pasado la vida esforzándose para que los entierren debajo de un epitafio. Otros, por fin, descubren que la vejez, por mucho que albergue nuevas esperanzas como suele hacer la juventud, desfallece y los abandona agotada en medio de excesivos e imposibles empeños.

Pobre del que muere de viejo ante un tribunal, defendiendo a quien no conoce y buscando el aplauso de la sala. Pobre del que, más cansado de la vida que del trabajo, muere rodeado de obligaciones. Pobre del que muere cuadrando cuentas y provocando las burlas de un heredero que lo acecha desde hace años.

No quiero dejarme en el tintero un último ejemplo. Cayo Turranio[62] fue un anciano de probada diligencia. Cuando Calígula lo cesó por fin del cargo de procurador[63] a los noventa años, ordenó que lo tumbaran en el lecho y que su familia lo llorara como si hubiera muerto hasta que le devolvieran el puesto.

¿De verdad es tan placentero morir atareado? Muchos así lo creen: su deseo de trabajar dura más que sus energías. Luchan contra la debilidad física y la vejez les resulta una carga tan solo porque los aparta de la lucha. Los soldados se licencian por ley a los cincuenta años; los senadores, a los sesenta. En materia de retiro, la ley es más generosa que las personas. Mientras puedan robarse unos a otros, mientras puedan importunarse entre sí y hacerse desgraciados, su vida transcurre sin provecho, sin placeres, sin progresos del alma.

Nadie tiene la muerte presente, nadie deja de concebir proyectos a largo plazo. No falta quien incluso hace preparativos para el más allá: mausoleos, obras públicas que llevan su nombre, espectáculos de gladiadores, suntuosas procesiones funerales. Sin embargo, te juro por Hércules que su vida ha sido tan breve que habría que enterrarlos a la luz de una antorcha, como se entierra a los niños.[64]

EPÍSTOLA MORAL I

Unos siete años después de escribir Sobre la brevedad de la vida *y ya casi retirado de la política, Séneca regresa al tema del aprovechamiento del tiempo en sus* Epístolas morales a Lucilio, *su obra maestra. Consiste en una colección de cartas dirigidas (quizá de manera ficticia) a un amigo suyo llamado Lucilio, que, como Séneca, era un hombre adinerado al servicio de Nerón. La primera carta trata acerca del valor del tiempo, lo cual refleja la importancia del tema para el autor. La traducimos completa. Séneca habla a Lucilio como si acabara de recibir una carta suya en la que le cuenta que quiere abandonar sus funciones para tener más tiempo libre. Ambos tenían más de sesenta años y por lo tanto eran conscientes de que les quedaba poco tiempo.*

[1] Lo que debes hacer, Lucilio, es reivindicarte a ti mismo para ti mismo y recuperar el tiempo que hasta ahora perdías, te robaban o se te escapaba. Y es que así son las cosas, créeme: el tiempo lo perdemos, nos lo roban o se nos escapa. No obstante, la pérdida más criticable es la que se debe al descuido. Si prestas atención, te darás cuenta de que gran parte de la vida se nos escapa haciendo mal, parte de ella no haciendo nada y toda ella haciendo lo que no debemos.

[2] ¿Conoces a alguien que ponga precio a su tiempo, que conceda al día el valor que merece, que sea consciente de que morimos a cada momento? Es un error creer que nos dirigimos a la

muerte, pues gran parte de ella ya ha pasado. Lo que dejamos atrás se lo queda la muerte.

Por lo tanto, Lucilio, sigue haciendo lo que me cuentas en tu carta, aprovecha cada hora. De ese modo, si no dejas escapar el hoy, dependerás menos del mañana. La vida pasa mientras procrastinamos.

[3] Nada es nuestro, Lucilio, solo el tiempo. La Naturaleza ha dispuesto que solo nos pertenezca este único bien, fugaz y resbaladizo, del que cualquiera puede despojarnos. Qué necedad la de los mortales que permiten que se les cargue en la cuenta todo tipo de cosas mezquinas, sin valor y fácilmente reemplazables en caso de pérdida, cuando en cambio nadie que se adueñe de su propio tiempo se considera en deuda, aunque sea el único crédito que ni el más generoso puede devolver.

[4] Quizá te preguntes cómo lo gestiono yo, que comparto contigo estas lecciones. Te lo confesaré sinceramente: cuadro las cuentas como un derrochador que fuera al mismo tiempo cuidadoso con sus gastos.[65] No te digo que no desperdicie

nada, pero sí que estoy al tanto de lo que desperdicio y por qué. Conozco bien las causas de mi indigencia. Me pasa como a tantos que se ven reducidos a la pobreza: todos me dan su comprensión, nadie su ayuda.

[5] En resumen, para mí no es pobre quien se conforma con lo que le queda, por poco que sea. Con todo, a ti te deseo que conserves lo que es tuyo, porque nunca es tarde para empezar. Como decían nuestros antepasados «si lo que te queda es lo que hay en el fondo del vaso, ya es demasiado tarde».[66] En el sedimento del vaso no solo queda lo insignificante, sino lo peor. Hasta pronto.

EPÍSTOLA MORAL 49

Entre las 128 epístolas morales que han llegado hasta nuestros días, el tema del tiempo y el alto valor que, dada la cercanía de la muerte, debemos concederle aparece con frecuencia. Buen ejemplo de ello son los fragmentos (aproximadamente la mitad) de la carta 49 que traducimos a continuación. Séneca escribe a Lucilio tras una estancia de ambos en Campania. Lucilio habría partido primero, y Séneca le habría escrito la carta inmediatamente después de despedirlo.

[2] Se diría que acabo de perderte justo ahora. Y si lo piensas, ¿qué acontecimiento no sucede *ahora* cuando lo recordamos? Justo *ahora* era yo un niño y me sentaba a los pies de Soción el filósofo;[67] justo *ahora* me estrenaba en el ejercicio del Derecho; justo *ahora* renunciaba a ejercer, y justo *ahora* dejaba de ser capaz de hacerlo. La velocidad del tiempo es infinita, como saben bien quienes miran al pasado. Es tan sutil el correr de su apresurada fuga que pasa inadvertida a quienes viven concentrados en el presente.

[3] ¿Me preguntas por qué? El tiempo pasado está en un solo sitio, tiene el mismo aspecto y yace en la misma sepultura. Todo él cae en un solo abis-

mo. Además, en materia tan breve no puede haber intervalos largos.

El tiempo que vivimos es tan solo un punto, y ni siquiera eso. También la Naturaleza se burla de él con la ficción de que dura mucho, dividiéndolo en niñez, infancia, juventud, el declive a la vejez, y por fin la propia vejez. ¡Cuántos pasos para un viaje tan breve!

[4] Ahora mismo te he dicho adiós, y este *ahora* es un buen trozo de nuestra vida, de cuya brevedad y finitud debemos ser conscientes.

Nunca sentí que el tiempo pasara tan de prisa. Ahora me parece increíble cómo vuela, quizá porque siento que la meta está ya cerca, quizá porque comienzo a darme cuenta de cuánto he perdido.

[5] Por eso me indignan quienes malgastan con tareas vanas este fugaz espacio de tiempo que, ni siquiera si lo administramos con el mayor de los celos, será suficiente. Cicerón decía que ni duplicándose los años tendría tiempo de leer a los poetas líricos.

[6] ¿Por qué atormentarse con un problema más fácil de despreciar que de resolver?[68] Los que viven con holgura y sin preocupaciones pueden prestar atención a las menudencias, pero cuando el enemigo nos pisa los talones y al soldado se le ordena atacar, la necesidad echa por tierra todo cuanto la paz y el sosiego nos hayan proporcionado.[69]

[7] No me queda ya tiempo que perder analizando ambigüedades y demostrando mi ingenio.

> *Mira los pueblos congregados,*
> *las murallas cerradas,*
> *las espadas afiladas.*[70]

Por todas partes resuena el clamor de la guerra. Necesito fortaleza de ánimo para soportarlo.

[8] Me llamarían loco, y con razón, si me sentara yo tranquilamente a proponer oscuros y superfluos silogismos cuando los ancianos y las mujeres cargan piedras para reforzar las murallas y los jóvenes se arman y se forman en pelotones y

esperan, o mejor dicho, exigen, la orden de ataque, cuando las armas del enemigo brillan al golpear las puertas de madera y la misma tierra se queja de las minas y túneles que han cavado bajo ella... [9] No me queda tiempo para tonterías, tengo entre manos una tarea importantísima.

¿Qué haré? La muerte me persigue, la vida se me escapa. Dame una solución. [10] Enséñame a no huir de la muerte y que la vida no me huya. Dame valor para enfrentarme a las dificultades y entereza para soportar lo inevitable. Amplía los estrechos límites de la existencia. Enséñame que lo bueno de la vida no es su duración sino el uso que hacemos de ella y que puede suceder, y de hecho sucede con frecuencia, que quien ha vivido mucho haya vivido poco. Dime mientras me duermo que acaso ya no despierte. Dime cuando me voy que quizá ya no vuelva, y dime mientras regreso que quizá ya nunca más vuelva a partir.

[11] Te equivocas si crees que solo en alta mar está la vida al lado de la muerte. La distancia es exigua en todas partes.

NOTAS

1. El consenso general es que el destinatario del tratado es Pompeyo Paulino, suegro de Séneca. Cuando
   se compuso la obra, Paulino tendría entre cincuenta y cinco y sesenta y cinco años y desempeñaría el
   cargo de *praefectus annonae*, es decir, se encargaba
   del suministro de grano a la ciudad, o quizá acabara
   de abandonarlo, como decíamos en la introduc-
   ción.

2. Hipócrates de Cos, prestigioso médico y escritor
   del siglo V a. de C.

3. Cicerón atribuye estas palabras a Teofrasto, no a
   Aristóteles.

4. La cita no respeta las reglas métricas, como cabría
   esperar en un verso, y no se encuentra en ninguna
   obra de Virgilio ni de Homero, poetas a los que
   Séneca califica de «el mejor» en otros lugares de
   su obra.

5. Aquí y en otras partes del tratado Séneca ve con malos ojos el sistema clientelar romano, en el que los *clientes*, personas que dependían de adinerados o poderosos *patronos*, acudían diariamente a sus casas en busca de favores. Aquellos que, como Séneca, tenían numerosos clientes se veían obligados a dedicar mucho tiempo a los problemas ajenos.

6. El autor habla más adelante de estos «buenos propósitos» (capítulos 14-16), pero aquí ofrece un pequeño adelanto, justo después de aludir a los «pensamientos elevados».

7. La deificación del emperador Augusto, muerto unos cuarenta años antes de la redacción del tratado, tuvo lugar poco después de su fallecimiento.

8. Los emperadores romanos solían comunicarse con el Senado por carta. No es imposible que Séneca tuviera una copia de una carta de Augusto, pero lo más probable es que inventara esta cita.

9. Esto es, la jubilación.

10. Se refiere a la guerra civil que Augusto (por entonces conocido como Octavio) libró primero contra los asesinos de Julio César (sus compatriotas), más tarde contra sus compañeros de triunvirato, Marco Antonio y Lépido, y finalmente con Marco Antonio, que era su cuñado. El catálogo geográfico que viene a continuación recorre el curso de dichas guerras civiles.

11. Acusados de conspirar contra Augusto durante la primera década de su reinado (29-19 a. de C.). El Lépido al que se alude no es el triunviro, sino su hijo.

12. La promiscuidad de Julia, hija de Augusto, escandalizó a toda Roma. Julia se exilió en el 2 d. de C. El nombre de Julo, en caso de ser correcto (solo disponemos de él por *emendatio* del texto), se refiere a un hijo de Marco Antonio que fue ejecutado por adulterio con Julia, por eso Séneca lo llama «uno de los Antonios» y compara implícitamente a Julia con Cleopatra, sugiriendo que los amoríos de Julo y Julia pusieron a Roma en grave peligro.

13. Cicerón fue cónsul en el 63 a. de C. y tuvo que enfrentarse al intento de golpe de Estado de Catilina. Dos años más tarde, como abogado, procesó a Claudio Pulcro. Bajo el Primer Triunvirato, navegó mares peligrosos (César, Pompeyo y Craso).

14. Tras la muerte de Pompeyo el Grande en el 48 a. de C., su hijo Cneo Pompeyo continuó la guerra contra Julio César. Muchas de las cartas de Cicerón a Ático, su confidente y amigo, que han llegado a nuestras manos expresan esta queja, pero las palabras exactas que utiliza Séneca no aparecen en ellas.

15. Político romano muy activo en la década de los 90 a. de C. y asesinado a finales de la misma. Séneca es el único en sugerir que se suicidara.

16. Druso, como los Gracos antes que él, propuso una serie de medidas para distribuir tierras entre las clases pobres de Roma.

17. En este pasaje Séneca abandona la ficción de dirigirse a su suegro Paulino y habla como si quisiera educar al gran público.

18. A diferencia de quienes se dejan vencer por sus apetitos de manera pasiva, al menos los que pecan de forma activa tienen la virtud de hacerlo con una cierta osadía.

19. Al hablar de la vida, el autor se refiere, por supuesto, a la vida en el sentido más pleno, consagrada al «buen ánimo».

20. Ver nota 5.

21. Esta anciana adinerada y carente de herederos («cansada de enterrar herederos») atrae a los *captatores* o cazadores de herencias, que intentaban que los adoptaran las personas ricas que no tenían hijos. El mismo problema aflige al hombre del ejemplo siguiente, que al parecer finge estar enfermo porque le gusta disfrutar de la atención de los *captatores*.

22. Las *fasces* son un manojo de varas atadas alrededor de un hacha que acompañaba a los altos cargos romanos y ponía de manifiesto su poder de infligir castigos físicos.

23. Séneca traza una analogía entre el tiempo y el dinero que se repetirá en otros pasajes del texto.

24. Estas palabras contradicen de alguna manera la afirmación del capítulo 15 según la cual los sabios son capaces de anticipar el futuro.

25. Versos de las *Geórgicas* de Virgilio (III 66-67) que hablan de que los ganaderos no deben retrasarse en cruzar los toros y las vacas para que la enfermedad o la edad no les impida la reproducción.

26. Papirio Fabiano fue un filósofo de la época de Augusto cuyos escritos Séneca estudió en su juventud.

27. Otra metáfora en la que se compara el tiempo con el dinero, en este caso con el capital.

28. En Roma soltaban perros guardianes por la noche, pero la imagen de los perros persiguiendo abogados que mostraban un exceso de celo es una hipérbole.

29. Volvemos al contexto de la clientela. El patrón aplastado por sus clientes y el cliente por los clientes de otro patrón.

30. La «lanza del pretor» se clavaba en los lugares en los que el Estado subastaba, a buen precio, los bienes de las personas condenadas o ejecutadas. Séneca ve con malos ojos a quienes se aprovechan de la desgracia ajena.

31. La palestra era famosa, sobre todo en el mundo griego, por ser el lugar donde los hombres de edad trataban de seducir a los jóvenes. Seneca desaprueba la pederastia, más aceptada en Grecia que en Roma.

32. Los púgiles se aplicaban aceite en el cuerpo para que sus oponentes no pudieran agarrarlos.

33. Séneca hace uso de los demostrativos como si recorriera con el lector una galería de personajes.

34. La palabra latina *exoletus* se refiere a los prostitutos, que eran compañeros sexuales pasivos de otros hombres. Séneca los imagina trabajando de camareros en las cenas al servicio de los libidinosos invitados.

35. Los *glabri* eran esclavos que se depilaban para mantener el aspecto infantil y, por lo tanto, el atractivo sexual.

36. En Roma los mimos representaban *sketches* en los que se imitaba la vida diaria, sobre todo en sus aspectos más vulgares.

37. Estos ejemplos de erudición inútil son motivo de vergüenza para los clasicistas actuales, que todavía se hacen estas preguntas. Hay consenso en que la *Ilíada* es anterior a la *Odisea*, pero no hay acuerdo sobre si ambas pertenecen al mismo autor.

38. En los párrafos siguientes el autor elabora una lista de oscuras cuestiones históricas que considera

inútiles. Sería contrario a sus propósitos, y a los de esta colección, anotarlas y explicar las alusiones. El objetivo de Séneca no es histórico sino ético, como demuestra esta fervorosa digresión acerca del destino de Pompeyo el Grande (que sí hemos anotado). También parece que Séneca disfruta presumiendo de sus conocimientos de cultura general romana, aunque los tilde de pérdida de tiempo.

39. Después de que César lo derrotara en la batalla de Farsalia, Pompeyo huyó a Egipto, donde creía tener de aliado a Ptolomeo XIII. No obstante, este se había puesto de parte de César y lo mandó asesinar en cuanto llegó. El «más bajo de sus sicarios» es probablemente un antiguo soldado de Pompeyo que llevó a cabo el asesinato.

40. Ver nota 26.

41. Séneca dice «sabiduría», no «filosofía», pero los ejemplos que da a continuación dejan claro a qué tipo de sabiduría se refiere.

42. El autor repasa brevemente las principales escuelas filosóficas de su época, comenzando por Sócrates (siglo V a. de C.), anterior a ellas, aunque considerado el fundador de casi todas. Carnéades fue director de la Academia durante parte de su etapa escéptica, en la que dudó de cualquier forma de certeza y conocimiento. Epicuro, que ejerció su magisterio en la Atenas del siglo IV a. de C., predicó

las virtudes del desapego y la serenidad. Los estoicos, cuyas enseñanzas seguía Séneca más de cerca, apremian al ser humano a suprimir las emociones («naturaleza humana») en favor de la razón (tal y como se ilustra en *El arte de mantener la calma*, en esta misma colección). Los cínicos, cuyo estilo de vida ascética causó la admiración de Séneca, rechazaban las convenciones sociales, por eso aquí se dice que trascienden la naturaleza humana.

43. Volvemos al contexto de las relaciones clientelares.

44. Se refiere al sirviente que en las casas adineradas recordaba discretamente («susurrado entre dientes») al patrón el nombre de los invitados. Lo que Séneca quiere subrayar en esta caricatura es que el patrón, con resaca y despreocupado, necesita que le recuerden el nombre de su cliente una y otra vez.

45 Para el autor, el objetivo fundamental de la filosofía moral es la preparación para la muerte.

46. La referencia a las compañías y conversaciones peligrosas pone de manifiesto la represión de los disidentes en la Roma de Séneca. Quienes se relacionaban con sospechosos se arriesgaban al encarcelamiento o el destierro.

47. El juego de palabras latino con el término *bona*, «bienes», tiene sentido tanto moral como material, y queda un poco desvaído en nuestro idioma.

48. En sus escritos morales, Séneca se dirige a menudo a un oyente escéptico, al que incluso a veces da voz. Por este motivo los editores antiguos titulaban «diálogos» a sus obras.

49. En la tradición mítica se dice que Júpiter duplicó la duración de la noche para pasarla con Alcmena, con quien engendró a Hércules.

50. La anécdota de Jerjes procede del griego Heródoto. El ejército con el que Jerjes invadió Grecia era tan enorme que solo se podía contar moviendo pequeños grupos en un espacio cerrado en el que cabía un número fijo de soldados. Según Heródoto, Jerjes lloró al pensar que ninguno de sus hombres seguiría vivo un siglo después. Muchos de sus soldados perdieron la vida al fracasar la campaña.

51. Tres ejemplos de historia de la Roma Republicana. Cayo Mario ganó fama en las guerras de Roma y después fue cónsul siete veces, entre el 106 y el 86 a. de C. A Quinto Cincinato, célebre por rechazar el cargo de dictador y regresar a las labores agrícolas, se le ofrecería de nuevo el cargo. La victoria de Escipión el Africano sobre el general cartaginés Aníbal (202 a. de C.) llevó a algunos a proponer que se le erigiera una estatua en el capitolio junto a una famosa imagen de Júpiter. Escipión rechazó la idea, pues no quería recibir los honores que correspondían a los dioses.

52. Nueva referencia a Escipión. Mucho después de vencer a Aníbal, sus enemigos lo acusaron de corrupción e intentaron llevarlo a los tribunales en varias ocasiones. Escipión se retiró a su finca de la costa de Campania, no como exiliado, como dice Séneca, sino mostrando su rechazo de la vida pública.

53. Paulino andaría por los sesenta cuando se escribió la obra.

54. Paulino fue *praefectus annonae* alrededor del 48 d. de C., de modo que quizá desempeñó el cargo durante siete años antes de su destitución en el 55. No obstante, habría desempeñado otros cargos con anterioridad.

55. Ya que el grano que gestionaba Paulino procedía de muchos lugares (sobre todo Egipto), Séneca lo describe por medio de una típica hipérbole llevando los libros del mundo entero.

56. Séneca fue senador durante el reinado de Calígula y siempre buscó venganza en su escritos por los abusos a los que los sometieron a él y a sus colegas. Aquí imagina la desesperación del fantasma de Calígula, que habría muerto asesinado diez o quince años antes, al enterarse de que había dejado a los romanos suministros de alimento, si bien escasos.

57. Según las fuentes, en el 39 d. de C. Calígula hizo construir un puente de pontones de cerca de cinco

kilómetros de largo en la bahía de Nápoles solo para cruzarlo en un desfile triunfal, imitando así al arrogante Jerjes cruzando el Helesponto. Aunque entre ambos sucesos transcurrieron dos años, Séneca sugiere que el despilfarro de barcos y recursos para la construcción del puente sería la causa de la hambruna.

58. Séneca dice literalmente «mientras tu sangre esté aún caliente».

59. Volvemos una vez más a las relaciones clientelares, en las que el cliente visita al patrón cuando se despierta o va de un lado a otro.

60. Se refiere al hombre que ha desempeñado muchos altos cargos que exigían el uso de la toga blanca y púrpura (*toga praetexta*) de las autoridades.

61. Los romanos no numeraban los años, sino que los designaban con el nombre del cónsul correspondiente. En Roma se consideraba un gran honor.

62. Turranio fue el primer *praefectus annonae*, cargo que más tarde desempeñaría Paulino.

63. Séneca no utiliza el término con precisión. En época de Calígula, Turranio llevaba más de veinticinco años en el cargo.

64. En Roma los funerales de los niños se llevaban a cabo de noche y a la luz de las antorchas. Séneca

quiere decir que los ocupados pasan tan poco tiempo viviendo que en realidad mueren muy jóvenes.

65. Como suele hacer a lo largo de *Sobre la brevedad de la vida*, Séneca habla aquí del tiempo empleando un lenguaje que tiene que ver con el dinero.

66. Traducción libre de un aforismo griego procedente del poema didáctico de Hesíodo *Los trabajos y los días* (verso 139).

67. Soción fue un filósofo pitagórico que convirtió a Séneca al vegetarianismo durante un tiempo. En otra *Epístola moral* (108), Séneca menciona un apasionado discurso de Soción acerca del tema.

68. Séneca recuerda su crítica de la erudición inútil en el capítulo 13 de *Sobre la brevedad de la vida*.

69. El autor recurre a una metáfora del arte de la guerra para referirse al esfuerzo moral. En su tratado *De los beneficios*, escrito aproximadamente en los mismos años que las *Epístolas morales*, compara la existencia humana con una ciudad asediada.

70. La cita procede de la *Eneida* de Virgilio (VIII 385-386). La diosa Venus habla con su marido Vulcano en el Olimpo sobre la guerra entre italianos y troyanos al mando de Eneas.